EIN MÄRCHEN VON SEHNSUCHT UND GLÜCK UND DER MAGIE EINES REINEN HERZENS

„Zwergleins Kopf war ganz mit Gedanken und Schmerzen vollgestopft. Da passte nichts Schönes mehr hinein."

Weil Pferd und Eichhörnchen gesagt haben, dass kluge Leute das tun, sammelt Zwerglein von früh bis spät Äpfel für den Winter. Dabei wünscht es sich von ganzem Herzen, mit Lerche hinauf zum Glück zu fliegen. Doch Lerche hat keine Zeit für so ein kleines braunes Nichts.

Zum Glück gibt es Spinne, die alles weiß. Sie verspricht, dass Zwerglein alles sein kann, was es will, wenn es sich in Spinnes magisches Netz einwickeln lässt.

Soll Zwerglein diesem Versprechen trauen?

W0251503

ZWERGLEIN UND APFELBAUM

ZWERGLEIN UND APFELBAUM

DIE LIEBE WARTET, WO NIEMAND SIE SUCHT

CHRISTINE LI

Kontakt: christine@christineli.de

Ungekürzte Erstausgabe 2019
Bodenschatz Verlag
Rua Engenheiro Jose Gaetano Salema Garcao 2
2705-488 Sintra, Portugal
ISBN-13: 978-3-944680-16-3

Coverart Simon Haiduk: www.simonhaiduk.com
Webdesign Chloe Trieu: www.slowbeestudio.com
Fotografie der Autorin: Christophe Poulles

Bodenschatz

Für alle sehnsüchtigen Herzen

INHALT

AM ENDE WIRD ALLES GUT

Wenn ihr so seid wie ich, dann mögt ihr keine traurigen Geschichten. Ich mag sie nicht das kleinste bisschen. Die Wahrheit ist aber, dass viele Geschichten in der Mitte traurig sind. Zum Glück wird bei einer richtigen Geschichte am Ende alles wieder gut, und deshalb soll jemand, die eine Geschichte erzählt, nicht einfach vorher aufhören und Eis essen gehen.

Die Geschichte von Zwerglein ist so eine Geschichte. Wenn ihr wollt, dass Zwerglein wieder froh wird, müsst ihr bis zum Ende abwarten; und ärgert Euch lieber nicht, wenn Zwerglein zwischendrin so viele Dummheiten macht. Das kommt, weil es etwas Wichtiges vergessen hat.

1

DUNKELHEIT

Als Zwerglein anfing zu leben, war rundum große Dunkelheit.

So dunkel war es wie in einem schwarzen Fass voll schwarzer Farbe mitten in einer schwarzen Nacht.

Zwerglein spürte nichts.

Es spürte seine Hände nicht.
Es spürte seine Füße nicht.
Es spürte seinen Bauch nicht.
Es spürte seinen Popo nicht.
Es spürte seinen Kopf nicht.

ZWERGLEIN WUSSTE NICHTS.

Es wusste nicht, was Libellen sind und
Heidelbeeren und Bäume.
Es wusste nicht, ob Tag war oder Nacht.
Es wusste nicht, dass es dunkel war.
Es wusste nicht, dass manche sich in der
Dunkelheit fürchten.
Es wusste nicht einmal, was Angst ist.

ZWERGLEIN WAR EINFACH.

2

DAS KLEINE PLOPP

Rundum war alles dunkel und still wie Watte.

DANN FING ES AN. Ein kleines Plopp.

So zart, wie eine ganz kleine Feder, die zu Boden fällt. Das wissen ja alle, dass die keiner hören kann.

ZUM GLÜCK WUSSTE ZWERGLEIN NICHT, dass das Plopp viel zu leise war, um es zu hören. Deshalb hörte es einfach zu. Es hatte noch nie etwas so Schönes gehört.

"Plopp", machte es noch einmal.

Und dann noch einmal.

Und dann noch einmal.

Es hörte gar nicht mehr auf.

DAS "PLOPP" kam aus der Mitte von Zwerglein.

Von ganz innen.

. . .

IHR DENKT EUCH BESTIMMT SCHON, dass Zwerglein seinen eigenen Herzschlag hörte. Aber Zwerglein wusste nicht, dass es ein Herz hatte. Es hörte einfach zu und freute sich.

JETZT WAR ES FROH.

3

DAS GROSSE PLOPP

Weil Zwerglein so gut zuhörte, wuchsen seine Ohren immer länger.

Das wusste Zwerglein natürlich nicht. Ein Zwerglein, dass gar nichts weiß, weiß auch nicht, was Ohren sind und was lang ist.

ABER ZWERGLEIN MERKTE, wie das Kleine Plopp heller und schneller wurde, und es merkte, dass es ringsumher noch ein Großes Plopp gab, das dunkel und langsam war.

Das dunkle und langsame Plopp und das helle und schnelle Plopp trommelten jetzt gemeinsam.

ALS ZWERGLEINS OHREN immer weiter wuchsen, kamen von weiter und weiter entfernt immer neue Geräusche hinzu. Es war beinahe, als ob alles immer größer und weiter wurde, und je größer alles wurde, umso mehr Geräusche passten hinein.

. . .

ZWERGLEIN MOCHTE SIE ALLE. Aber am liebsten hätte es immer nur auf die beiden Plopps gehört. Das große und das kleine Plopp: die beiden gehörten zusammen.

Da war Zwerglein froh und alles war gut.

4

KRACH

Eine lange Zeit war Zwerglein froh.

DANN GESCHAHEN LAUTER SCHLIMME SACHEN.

ZUERST KAMEN die beiden Plopps durcheinander. Mal war das eine zu schnell, dann das andere. Sie passten nicht mehr zusammen, und das klang so schrecklich, als ob sie streiten würden.

DA BEKAM ZWERGLEIN ANGST.

DANN. Ein riesiger Knall. So laut, als ob jemand fest auf Zwergleins Ohren geschlagen hätte.

. . .

DA HÖRTE ZWERGLEIN NICHTS MEHR.

NUN WURDE es zusammengequetscht und gerüttelt und geschüttelt und geschleudert. Am liebsten wäre Zwerglein einfach verschwunden. Aber es steckte ganz fest und konnte nicht fort.

DANN. Ein Blitz. So hell wie Tausend mal Tausend Glühbirnen.

In dem gleisenden Licht tanzten die Drachen.
Die roten.
Die grünen.
Die violetten.
Die glitzernden.
All die Drachen hielten ihre Schwanzspitzen im Maul und kreisten um Zwerglein herum.
Erst langsam.
Dann schneller und schneller, bis Zwerglein ganz schwindlig wurde.

PLÖTZLICH WAR alles vorbei und alles war anders.

Zwerglein spürte sich selbst.
Es spürte seine Hände.
Es spürte seine Füße.

Es spürte seinen Bauch.
Es spürte seinen Popo.
Es spürte seinen Kopf.
Von oben bis unten tat alles weh.

DIE BEIDEN PLOPPS WAREN VERSCHWUNDEN. Da fühlte sich Zwerglein zum ersten Mal in seinem winzigen Leben schrecklich allein.

5

DAS GROSSE VERGESSEN

Nun begann das Große Vergessen.

Zwerglein vergaß die kreisenden Drachen.
Es vergaß das gleisende Licht.
Es vergaß das Rütteln und Schütteln und
Schleudern.
Es vergaß den riesigen Knall.
Es vergaß das Große Plopp.
Es vergaß das Kleine Plopp.
Es vergaß die Dunkelheit.
Es vergaß seine Freude.

MITTEN IM HERZEN, wo die ganzen vergessenen Dinge gewesen waren, blieb eine Lücke, tief wie eine schwarze Schlucht und doch winzig klein. Zwerglein spürte sie fast nicht.

. . .

TIEF in der Lücke wohnte das Alleinsein.

6

AUTSCH

Plötzlich biss etwas in Zwergleins Nase.
Das tat aber weh!

„Autsch!“, schrie Zwerglein und riss die Augen auf.

Da sah es mitten in zwei runde schwarze Augen hinein. Durch die Augen konnte es bis ganz nach innen hinein sehen. Innen drin saß etwas mit einem wuscheligen Schwanz.

„Ich bin Eichhörnchen“, sagte Eichhörnchen.
„Und was bist du?“
„Ich bin“, sagte Zwerglein.
„Das reicht nicht“, sagte Eichhörnchen. „Du
musst etwas sein.“

„Du hast mir weh getan“, beschwerte sich Zwerglein.

„Das kommt, weil deine Nase aussieht wie eine Haselnuss“, erklärte Eichhörnchen.

„Was ist eine Haselnuss?“, fragte Zwerglein.

„Eine Haselnuss ist, wo man hineinbeisst“, sagte Eichhörnchen. „Wenn du die Dinge nicht weißt, musst du nachdenken.“

. . .

DANN HÜPFTE ES WEITER, um nach richtigen Haselnüssen zu suchen.

Zwerglein machte die Augen wieder zu und versuchte nachzudenken.

7

HINEINBEISSEN

Das Nachdenken ging sehr schwierig, weil Zwergleins Bauch so knurrte.

„Du liegst auf meinem Gras“, sagte jemand.

Zwerglein machte die Augen wieder auf und sah lange gelbe Zähne.

„Ich bin Pferd“, sagte Pferd.

Zum Glück wollte Pferd nicht wissen, was Zwerglein war.

„Mein Bauch knurrt“, sagte Zwerglein.

„Du hast Hunger“, sagte Pferd.

„Ich mag Hunger nicht“, sagte Zwerglein.

„Du musst in etwas hineinbeißen“, erklärte Pferd.

ZWERGLEIN ERINNERTE sich gleich an Eichhörnchen und fasste an seine Nase. Sie war rund und knubbelig. Aber es konnte nicht hineinbeißen.

„Wie geht hineinbeißen?“, fragte Zwerglein.

„Das geht so“, sagte Pferd und rupfte ein großes Büschel Gras mit seinen langen Zähnen aus.

Da riss Zwerglein mit seinem kleinen Mund ein kleines Büschel Gras aus. Das Gras schmeckte hart und stachelig.

„Bschubschu?“, fragte Zwerglein, weil es mit dem ganzen Gras im Mund nicht richtig sprechen konnte.

Aber Pferd war schon weitergegangen.

DA WOLLTE ZWERGLEIN WIEDER NACHDENKEN. Aber weil der Bauch so laut knurrte und das Gras im Mund so stachelig war, ging das Nachdenken fast gar nicht mehr.

8

EICHHÖRNCHEN

Gerade da kam Eichhörnchen wieder vorbei.

„Warum hast du den ganzen Mund voller Gras?“, fragte Eichhörnchen.

„Bschubschu“, sagte Zwerglein.

„Nimm das Gras besser wieder aus dem Mund“, sagte Eichhörnchen.

Da nahm Zwerglein das Gras wieder aus dem Mund.

„ICH HAB HUNGER“, sagte Zwerglein.

„Du musst sammeln“, sagte Eichhörnchen.

„Was ist sammeln?“, fragte Zwerglein.

„Erst suchst du etwas und dann legst du es auf einen großen Haufen.“

„Was soll ich denn sammeln?“, fragte Zwerglein.

„Etwas zum Hineinbeißen.“

„Ich weiß aber nicht, in was man hineinbeißen kann“, klagte Zwerglein.

„Du bist dumm“, sagte Eichhörnchen, „Man kann in alles hineinbeißen, was rund ist.“

. . .

DA FIEL IHM EIN, wie es selbst vorhin in Zwergleins Nase gebissen hatte. Das war ja auch ganz schön dumm gewesen. Es schämte sich ein bisschen und hoppelte schnell davon.

9

ALLE WAREN SCHLAU

Zwerglein staunte, was Eichhörnchen und Pferd alles wussten. Alle waren schlau.

AM LIEBSTEN HÄTTE es gleich darüber nachgedacht.

ABER WEIL SEIN Bauch so knurrte, beschloss es, erst etwas zu sammeln. Zum Glück stand Apfelbaum da, und darunter lagen lauter runde Äpfel.

„Guten Tag, Apfelbaum", sagte Zwerglein. „Ich möchte, bitte, deine Äpfel sammeln."

Apfelbaum raschelte ein bisschen und sagte nichts.

Da begann Zwerglein, Äpfel zu suchen und auf einen Haufen zu legen. Eichhörnchen sollte schon sehen, dass es nicht so dumm war.

ERST LEGTE es einen winzigen Apfel ganz gerade hin.

Dann legte es einen anderen Apfel daneben.

Dann legte es noch einen Apfel dazu. Das gab ein schönes Dreieck. In der Mitte war ein kleines Loch. Da hatte es einen großartigen Einfall. Es holte noch einen Apfel und legte ihn über das Loch. Jetzt hatte es einen kleinen Turm gebaut.

ZWERGLEIN SETZTE sich davor und freute sich, weil es sich das Bauen ganz allein ausgedacht hatte.

10

PFERD

Gerade da kam wieder Pferd vorbei.

„Die Äpfel lagen vorher nicht so da“, sagte Pferd.

„Das kommt, weil ich gesammelt und gebaut habe“, sagte Zwerglein stolz.

„Die Äpfel liegen auf meinem Gras“, sagte Pferd.

„Aber das macht ja nichts“, sagte Zwerglein. „Du kannst ja daneben auch Gras beißen.“

„Darum geht es nicht“, sagte Pferd streng. „Die Äpfel liegen auf meinem Gras und deshalb gehören sie mir.“

„Was ist gehören?“, fragte Zwerglein und kam sich gleich wieder dumm vor.

„Gehören heisst, dass nur ich hineinbeißen darf“, erklärte Pferd und streckte die langen gelben Zähne hervor.

Es knurpselte und knackte und schon war
obere Apfel verschwunden. Der schöne
Turm war weg.
Da knurpselte es noch einmal. Jetzt war auch
das Dreieck weg.

Da knurpselte es noch einmal. Jetzt lag nur
noch ein klitzekleiner schrumpeliger
Apfel da.

DA MUSSTE ZWERGLEIN SCHRECKLICH WEINEN. Es hatte zum ersten Mal in seinem winzigen Leben gesammelt und gebaut, und schon war fast alles wieder fort.

„DER DA IST FÜR DICH", sagte Pferd und zeigte auf den klitzekleinen schrumpeligen Apfel. „Und weil ich nett bin, darfst du ruhig weiter Äpfel auf meinem Gras sammeln. Aber vergiss nicht, sie alle mir zu geben. Dann bekommst du einen ab."

„Das ist nicht schön", schluchzte Zwerglein.

„Das ist gerecht", sagte Pferd und lachte mit seinen langen gelben Zähnen.

11

SALZIG UND SÜSS

Weil Zwerglein so sehr weinte, liefen lauter Tränen über sein Gesicht.

Die Tränen kitzelten.

Da streckte Zwerglein die Zunge ganz weit heraus und erwischte die allerletzte Träne, die gerade heruntertropfen wollte.

Die Träne schmeckte salzig.
Dann biss es in den klitzekleinen
schrumpeligen Apfel.
Der Apfel schmeckte süß.
Salzig und süß schmeckten gut zusammen.

ZUM GLÜCK WAR ZWERGLEIN SEHR KLEIN. Als es den klitzekleinen schrumpeligen Apfel gegessen hatte, war es ganz und gar satt. Da setzte es sich hin und wollte über alles nachdenken.

Aber weil es so viel gesammelt und gebaut hatte, gingen seine Augen zu, und es schlief ein. Da war sein erster Tag auch schon vorbei.

12

SCHWIERIGE DINGE

Am zweiten Tag sammelte Zwerglein nur einen Apfel und wartete auf Pferd.

Am Abend kam Pferd und sah den Apfel, den Zwerglein vor sich hingelegt hatte.

Pferd streckte die langen Zähne hervor.

„Knurps", machte es, und der Apfel war weg.

„Du wolltest mir immer einen Apfel geben", beschwerte sich Zwerglein.

„Du darfst nicht faul sein", sagte Pferd.

„Warum beisst du nicht einfach die Äpfel, die überall herumliegen?", fragte Zwerglein.

„Erst muss man sammeln", sagte Pferd.

„Du hast gar nicht gesammelt", sagte Zwerglein.

„Aber du hast gesammelt", erklärte Pferd. „Das geht auch. Wenn du genug sammelst, gebe ich dir einen Apfel. Das ist gerecht."

ZWERGLEIN DACHTE NACH. Wenn Pferd sagte, es war gerecht, dann war es gerecht. Aber so richtig verstand Zwerglein das nicht. Vielleicht lag es daran, dass es dumm war. Das sagte Eichhörnchen ja auch.

„DENK DOCH MAL NACH“, sagte Eichhörnchen. „Du gräbst einfach ein Loch und versteckst die Äpfel, bevor Pferd kommt.“

„Das gefällt Pferd bestimmt nicht“, sagte Zwerglein.

„Nein“, lachte Eichhörnchen. „Das gefällt dem alten Knauser bestimmt nicht. Deshalb sagst du ihm, die Äpfel sind von selbst weggerollt.“

„WIE SOLL ich denn etwas sagen, was nicht ist?“, wunderte sich Zwerglein.

„Du bist wirklich dumm“, sagte Eichhörnchen. „Wenn Große Kälte und Weißer Schnee kommen, dann brauchst du Äpfel. Sonst wird alles sehr böse.“

Als Eichhörnchen das sagte, bekam Zwerglein große Angst vor Großer Kälte und Weißem Schnee.

AM ABEND KAM Pferd und knurpselte wieder alle Äpfel weg, bis auf einen.

Zwerglein sagte: „Morgen versteck ich die Äpfel, weil bald Große Kälte und Weißer Schnee kommen.“

Pferd zeigte seine langen gelben Zähne und wieherte: „Das hat dir Eichhörnchen gesagt. Der alte Gauner. Gut, dass du so dumm bist. Weisst du was? Morgen machst du zwei große Haufen Äpfel und dann bekommst du zwei Äpfel. Einen kannst du essen und einen kannst du vor mir verstecken.“

Als er das sagte, wieherte er noch lauter. Sein ganzer

Bauch wackelte.

ZWERGLEIN VERSTAND NICHT, warum das so lustig war. Aber Pferd hörte gar nicht mehr auf zu wiehern.

Am Ende fielen vor lauter Wiehern sogar kleine braune Kugeln hinten aus seinem Popo. Die hießen Pferdeäpfel, und die konnte man nicht beißen. Die schmeckten nur Fliege, und deswegen mochte niemand Fliege. Das wussten alle, und Zwerglein wusste es auch schon.

DANN SAGTE PFERD NOCH, Zwerglein solle lieber früh schlafen gehen, damit es am nächsten Tag die beiden Haufen gut schaffen konnte.

Pferd war sehr nett, dachte Zwerglein.

AN DIESEM ABEND ging Zwerglein früh schlafen, aber es konnte nicht gleich einschlafen, weil es noch nachdenken musste.

13

WAHRHEIT

Meistens biss Pferd auf der Wiese herum. Seine Nase steckte tief im Gras und vor seinen Augen hing ein langer Wimpernvorhang. Aber einmal konnte Zwerglein doch kurz in die Augen von Pferd hineinsehen.

„Du hast eine schöne Mähne", staunte Zwerglein.
„Das ist Blödsinn", sagte Pferd. „Die Mähne ist seit Jahren ab."
„In deinen Augen sehe ich eine Mähne", sagte Zwerglein. „In den Augen sehe ich, wie jemand in Wahrheit ist."

„DU SOLLTEST LIEBER ÄPFEL SAMMELN", sagte Pferd und steckte die Nase wieder ins Gras. An einer der langen Pferdewimpern schimmerte eine große Pferdeträne.

. . .

IN DER NACHT wachte Zwerglein auf, weil Pferd vorbeigaloppierte. Die unsichtbare Mähne flatterte. Im Mondschein sah er aus, als ob er flog.

14

SPIELEN

Du musst spielen“, sagte Eichhörnchen.

„Was ist Spielen?“, fragte Zwerglein.

„Spielen macht man in der Lücke, wenn man nicht sammelt und nicht hineinbeisst und nicht schläft.“, erklärte Eichhörnchen.

„Oh“, sagte Zwerglein und staunte wieder einmal, was Eichhörnchen alles wusste. „Zeigst du mir Spielen?“

„Spielen kann man nur mit Freunden“, sagte Eichhörnchen.

„Sind wir Freunde?“, fragte Zwerglein.
„Freunde sein kann man nur mit Leuten, die jemand sind, und du bist niemand“, sagte Eichhörnchen.

DANN HATTE ES EINE IDEE: „Wenn du mir den Apfel schenkst, können wir trotzdem spielen.“

„Der Apfel ist für Große Kälte und Weißer Schnee“, sagte Zwerglein.

„Willst du spielen oder nicht spielen?“, fragte Eichhörnchen. Manchmal wurde es ungeduldig mit Zwerglein.

Zwerglein wollte gerne spielen.

„Ich will gerne spielen“, sagte es.

EICHHÖRNCHEN ROLLTE den Apfel zu einem seiner vielen Löcher, in denen es versteckte.

„Plong“, machte es, als der Apfel hineinfiel.

Zwerglein war traurig. Es hatte einen ganzen Turm sammeln müssen, damit ein Apfel übrig geblieben war.

„LOS! Spielen!“, rief Eichhörnchen und rannte am Stamm von Apfelbaum nach oben.

Zwerglein stand unten und schaute hoch.

„Du musst auch hochkommen“, rief Eichhörnchen. „Spielen macht man zusammen.“

Da kletterte Zwerglein den Stamm von Apfelbaum hoch. Das dauerte aber lang:

Erst musste es eine Lücke in der Rinde finden, in die es seine Finger stecken konnte und eine andere, in die es seine Zehen stecken konnte. Dann zog es sich ein Stückchen hoch und dann musste es wieder zwei Lücken finden, die ein bisschen weiter oben waren und sich wieder höher ziehen.

15

FALLEN

Eichhörnchen saß oben auf einem ganz dünnen Ast und hüpfte ungeduldig auf und ab.

„Wo bleibst du denn?“, schrie es. „Ich dachte, wir wollen spielen.“

„Ich komm ja schon“, schrie Zwerglein von unten.

Es war schon ganz schwitzig. Nach einer Weile erreichte es den untersten Ast und setzte sich darauf. So anstrengend hatte es sich Spielen nicht vorgestellt.

„Hier oben bin ich“, rief Eichhörnchen. „Den ganzen Tag kann ich auch nicht auf dich warten.“

Da kletterte Zwerglein weiter nach oben.

DUMM WAR NUR, dass Zwerglein bestimmt dreimal so schwer war wie ein Apfel und viel schwerer als Eichhörnchen. Je weiter es nach oben kam, umso anstrengender wurde es für Apfelbaum, die Äste still zu halten. Die Äste zitterten und wackelten und ruckelten.

. . .

ZWERGLEIN FÜRCHTETE SICH SEHR. Aber wenn es jetzt aufgab, dann hatte es seinen Apfel ja ganz umsonst weggegeben.

Eichhörnchen hüpfte ungeduldig hin und her und merkte gar nicht, wie stark Apfelbaum und Zwerglein sich anstrengen mussten, damit Zwerglein bis nach oben kam.

Als Zwerglein schon fast ganz oben war, ächzte Apfelbaum, und der dünne Zweig, an dem Zwerglein hing, brach mitten entzwei.

Mit einem lauten „Pritschel, Pratschel" fiel Zwerglein zwischen all den Zweigen und Blättern hindurch.

Kurz bevor Zwerglein auf die Erde fiel, streckte Apfelbaum schnell einen Ast aus und erwischte Zwerglein gerade noch an der Kragenfalte.

DA HING DAS arme Zwerglein und baumelte hin und her.

ENDLICH SCHAFFTE ES, sich mit seinen Fingern auf einen anderen Ast zu ziehen. Es zitterte vor Schreck. Wenn Apfelbaum nicht so gut aufgepasst hätte, wäre die Sache bestimmt schlimm ausgegangen.

ALS EICHHÖRNCHEN SAH, wie Zwerglein durch die Zweige fiel, staunte es gewaltig. Gleich ließ es sich auch zwischen den Ästen durchfallen und fing sich rechtzeitig vor dem Boden mit seinem Schwanz an einem Ast.

„Du kannst aber lustig spielen", sagte es zu Zwerglein. „Wenn du willst, spiel ich morgen wieder mit dir. Du brauchst mir auch keinen Apfel zu geben."

. . .

DAS WOLLTE ZWERGLEIN ABER LIEBER NICHT.

16

LERCHE

Zwerglein sammelte jeden Tag von morgens bis abends Äpfel. Manchmal rannte Lerche in großer Eile vorbei. Lerche war immer sehr beschäftigt.

MANCHMAL, wenn Lerche so vorbeirannte, guckte Zwerglein schnell in ihre Augen hinein. Innen in Lerche war es so schön wie die kleinen Flauschwölkchen ganz weit oben.

WENN LERCHE FERTIG GERANNT HATTE, flatterte sie mit ihren Flügeln so schnell, wie sonst keiner konnte. Dabei stieg sie sogar noch höher als die kleinen Flauschwölkchen. Dort oben sang sie so schön, dass die Töne sich noch weiter ausbreiteten als der Duft, wenn Apfelbaum blühte.

WENN LERCHE SANG, ließ Zwerglein die schweren Äpfel liegen und hörte zu. Einmal, als Lerche besonders hoch hinaufgestiegen war, drang ein heller Ton ihres Liedes mitten in Zwergleins Herz. Da wachte das Alleinsein auf, das dort in der Lücke wohnte. Danach musste Zwerglein immer an Lerche denken.

17

MUT

Eines Tages rannte Lerche wieder eilig vorbei. Da wurde Zwerglein vor lauter Mut glühend heiß.

Es rief: „Guten Tag, Lerche."

Lerche blieb so plötzlich stehen, dass sie von ihrem Schwung beinahe auf den Bauch gefallen wäre.

„Wer bist du denn?", fragte sie.

„Ich weiß nicht", sagte Zwerglein und schämte sich. Der glühend heiße Mut war schon fast wieder aufgebraucht.

Aber Lerche war richtig freundlich und sagte: „Dann eben guten Tag, Ich-weiß-nicht."

Da schämte sich Zwerglein nicht mehr so sehr.

„ICH FINDE, DU SINGST SEHR SCHÖN", sagte es.

„Danke", sagte Lerche. „Das ist nett von dir."

„Darf ich fragen, warum du singst?", fragte Zwerglein und staunte, was es sich alles traute.

„Ich singe für Glück. Glück lebt da oben. Daher fliege ich, so hoch ich kann und singe, so hell ich kann, damit Glück aufwacht und sich überall hin ausbreiten kann. Aber ich muss jetzt schnell wieder weiter."

SIE WOLLTE SCHON LOSRENNEN, da wurde Zwerglein noch einmal ganz heiß.

Es fragte: „Wollen wir Freunde sein?"

Lerche guckte sehr verwundert.

Nach einer Weile sagte sie: „Kannst du denn singen?"

"Nein", gestand Zwerglein.

„Kannst du denn fliegen?"

„Nein", gestand Zwerglein.

„Dann können wir keine Freunde sein", sagte Lerche und rannte davon.

DA MUSSTE ZWERGLEIN GANZ SCHRECKLICH VIEL NACHDENKEN.

18

SINGEN

Am nächsten Tag sammelte Zwerglein nicht. Es übte singen.

Sein singen Üben ging so: „Trüdel. Müdel. Schüdel. Wüdel. Lüdel."

Zwerglein übte den ganzen Tag, so laut es konnte. Am Abend war es heiser. Gerade da kam Lerche vorbeigerannt.

„Guten Abend, Lerche", krächzte Zwerglein.

„Guten Abend, Ich-weiß-nicht", kicherte Lerche.

„Ich hab heute singen geübt", krächzte Zwerglein stolz.

„Dann sing", sagte Lerche. Sie hatte es eilig.

ZWERGLEIN KRÄCHZTE: „Trüdel. Müdel. Schüdel. Wüdel. Lüdel!"

Da musste Lerche so stark lachen, dass sie beinahe hingefallen wäre. So sehr hatte sie noch nie gelacht.

„Entschuldige!", sagte sie. „Das ist schön. Aber vor allem ist es sehr lustig."

„Nicht wahr?", sagte Zwerglein stolz.

„Jetzt fehlt nur noch das Fliegen. Bis morgen!“, trällerte Lerche und rannte davon.

19

FLIEGEN

Am nächsten Tag sammelte Zwerglein wieder nicht. Es übte fliegen.

Sein fliegen Üben ging so:

Erst sprang es auf einem Bein. Aber hoch hinauf kam es nicht.

Dann sprang es auf dem anderen Bein. Aber hoch hinauf kam es nicht.

Dann sprang es auf beiden Beinen. Aber hoch hinauf kam es immer noch nicht.

DA DACHTE es noch einmal nach und hatte eine Idee. Die Idee war sehr großartig und auch sehr schrecklich. Aber Zwerglein wollte am allerliebsten auf der ganzen Welt mit Lerche befreundet sein. Da musste es eben etwas sehr Schreckliches tun.

ALSO KLETTERTE es wieder auf Apfelbaum hinauf. Als es

fast oben angekommen war, hing es sich mit den Knien über einen Ast.

ALS ES NEULICH GESTÜRZT WAR, waren die Füße zuerst gefallen, und dann war der Körper hinterher gefallen. Die Füße fielen immer zuerst.

Wenn es jetzt mit den Füßen nach oben hing und fiel, würden die Füße nach oben fallen und dann würde der Körper hinterher nach oben fallen.

ZWERGLEIN HATTE sich alles ganz genau ausgedacht.

DANN SAH es nach unten und erinnerte sich, wie es beim Spielen mit Eichhörnchen gestürzt war. Da bekam es aber richtig Angst!

DANN DACHTE ES AN LERCHE.

Lerche war mutig.
Lerche flog hoch hinauf.
Lerche flog hinauf bis zum Glück.
Da wollte auch Zwerglein keine Angst haben.

ES KNIFF die Augen wieder zu und holte noch einmal tief Luft.

Es ließ mit den Beinen los. Schon flog es durch die Luft.

Dazu fuchtelte es mit den Armen, so schnell es nur konnte. Es flog ganz genau wie Lerche.

Dann knallte sein Kopf auf den Boden. Zwerglein hörte ein letztes Plopp. Dann hörte es nichts mehr und lag reglos da.

20

KAPUTT

Alle, die das Plopp gehört hatten, rannten herbei.

Als Zwerglein zum ersten Mal gestürzt war, hatte Apfelbaum es gerade noch aufgefangen. Dieses Mal war Zwerglein bis ganz nach unten gestürzt und noch dazu mit dem Kopf voraus.

"Eine schlimme Sache", sagte Pferd. „Es hat immer so gut Äpfel gesammelt."

„Es hätte nicht so mit seinem neuen Spiel angeben sollen“, sagte Eichhörnchen.

Gerade da kam wieder Lerche vorbeigerannt.

Sie fragte: „Was ist denn passiert?“

„Es ist vom Baum gefallen“, sagte Eichhörnchen.

„Oh wie traurig“, sagte Lerche. „Es hat mich zum Lachen gebracht.“

DANN RANNTE SIE SCHNELL WEITER. Nach einer Weile flatterte sie hoch oben am Himmel. Ihr heller Gesang füllte den Sommer ringsumher mit Glück.

Das kleine braune „Ich-weiß-nicht“ hatte sie längst vergessen.

21

SCHMERZEN

Zum Glück war Zwerglein nicht richtig kaputtgestürzt.

NUR SEIN KOPF SCHMERZTE.

Zuerst schmerzte der Kopf, weil Zwerglein vom Baum gestürzt war.

Später schmerzte der Kopf, weil Zwerglein über das Stürzen nachdenken musste.

Die Gedanken über das Stürzen waren sogar noch schlimmer als das Stürzen.

MANCHMAL SAH ES LERCHE VORBEIRENNEN. Jedes Mal versteckte Zwerglein sich schnell hinter einem Baumstamm. Es wusste ja jetzt, dass es nicht singen und auch nicht fliegen konnte. So ein kleines braunes Ich-weiß-nicht wie Zwerglein konnte niemals mit jemandem wie Lerche befreundet sein.

WENN ZWERGLEIN SO ÜBER Lerche nachdachte, spürte es die Lücke in seinem Herzen und das Alleinsein, das darin wohnte.

Das Alleinsein schmerzte von allen
Schmerzen am Schlimmsten.

„WENN du nicht bald wieder sammelst, ist es zu spät", sagte Eichhörnchen zu Zwerglein. Eichhörnchen hatte längst all seine Löcher mit Haselnüssen vollgestopft.

„Glaub ja nicht, dass ich dir was abgebe, wenn Große Kälte und Großer Schnee kommen. Alle sammeln für sich selbst."

Zwerglein hörte gar nicht richtig zu, weil alles so schmerzte.

ES GEWÖHNTE SICH AN, alleine durch den Wald zu gehen. Hier gab es viele schöne Dinge zu sehen.

Aber Zwergleins Kopf war ganz mit
Gedanken und Schmerzen vollgestopft.
Da passte nichts Schönes mehr hinein.

22

SPINNE

Eines Tages sah Zwerglein ein feines Netz, in dem Hunderte von silbrigen Tautropfen hingen. In jedem einzelnen der Tropfen spiegelten sich all die anderen Tropfen, und alle zusammen glitzerten so schön, dass Zwerglein weinen musste.

GERADE DA KAM SPINNE VORBEI.

Sie hauchte: „Gefällt dir mein verzaubertes Netz?"

SPINNE SAH aus Tausendbunten Flimmeraugen hervor. Zwerglein konnte gar nicht hineinsehen.

„Es ist sehr schön", sagte Zwerglein und wischte seine Tränen fort. „Hast du das selbst gemacht?"

„Ja", wisperte Spinne. „Wenn du willst, zeige ich dir, wie das geht."

„Das brauchst du nicht", sagt Zwerglein betrübt. „Ich mache sowieso alles falsch."

. . .

SPINNE KANNTE alle Geheimnisse der Welt von Anfang an. Manche Leute sagten sogar, Spinne habe sich die ganze Welt nur ausgedacht. Ob das stimmt, weiß ich aber nicht.

ABER NATÜRLICH WUSSTE Spinne alles über Zwerglein.

Trotzdem säuselte sie: „Das musst du mir erzählen."

Das machte sie, weil Spinne das wichtigste aller Geheimnisse kannte: Die allermeisten Leute sind voller Geschichten, die unbedingt herauswollen.

BEI ZWERGLEIN WAR das auch so. Es erzählte gleich los.

Wie Pferd seinen schönen Turm weggeknurpselt hatte. Wie es so viele Äpfel gesammelt hatte und fast keiner übrig geblieben war. Wie es nicht richtig spielen konnte. Wie niemand sein Freund sein wollte.

NUR VON LERCHE erzählte Zwerglein nicht. Lerche war sein Geheimnis.

SPINNE HÖRTE bis zum Ende alles an.

„Das ist aber noch nicht das Schlimmste", sagte sie dann und sah mit ihren Tausendbunten Flimmeraugen mitten in Zwergleins Herz hinein.

Da weinte Zwerglein noch viel mehr.

„KOMM MIT MIR! Ich heile deinen Schmerz", surrte Spinne.

So folgte Zwerglein Spinne in den Wald.

23

SEI, WAS DU WILLST!

Tiefer und tiefer huschte Spinne in den düsteren Wald hinein. Überall lagen dicke knorzige Wurzeln, über die man leicht fallen konnte. Zwerglein stolperte hinterher, so gut es konnte.

MITTEN IM WALD standen die Bäume ganz dicht beieinander und streckten ihre Zweige wie einen großen Sonnenschirm nach oben. Darunter war es sehr dunkel.

ZWISCHEN DEN BAUMSTÄMMEN hatte Spinne ihre Netze ausgespannt.

„Hier lebe ich mit meinen Gästen", sagte Spinne.

DIE GÄSTE SCHAUKELTEN in den Netzen. Sie sahen aus wie kleine weiße Kugeln, weil Spinne sie ganz in weiße Fäden eingewickelt hatte.

. . .

DIE AUGEN der Gäste aber sahen hervor, und so konnte Zwerglein in die Augen hineinsehen.

„Guten Tage, Fliege", sagte Zwerglein zu den Augen, in denen es Fliege sah.

„Ich bin Schmetterling", sagte die kleine weiße Kugel und war ein bisschen beleidigt.

„Siehst du", surrte Spinne sanft. „Hier können alle sein, was sie wollen."

Zwerglein wollte etwas sagen, denn es hatte Fliege ganz genau erkannt. Aber dann hätte Spinne bestimmt gesagt, wie dumm es war.

DESHALB SAGTE ZWERGLEIN LIEBER nichts und ging zu dem Netz, in dem Biene schaukelte.

„Guten Tag Biene", sagte Zwerglein.

„Ich bin Bienenkönigin", sagte Biene hochnäsig. „Ich sammle keinen Honig mehr. Ich werde jetzt mit süßem Saft gefüttert."

Da wunderte sich Zwerglein wieder, denn Bienes Augen waren nicht die Augen von Bienenkönigin.

„Hier bekommen alle, was sie wollen", säuselte Spinne. „Was willst du denn, kleines Zwerglein?"

ZWERGLEIN WOLLTE SPIELEN und singen und fliegen. Es wollte, dass die Schmerzen in seinem Herzen aufhörten. Und am allerliebsten wollte es mit Lerche hinauf zum Glück fliegen.

ABER LERCHE WAR SEIN GEHEIMNIS.

. . .

„DU BRAUCHST es mir nicht zu sagen“, schmeichelte Spinne. „Bei mir bekommst du auch so, was du willst. Alles ist möglich.“

„Tut es weh?“, fragte Zwerglein.

„Es ist süß wie nichts auf der Welt“, sagte Spinne.

„Dann würde ich das, bitte, auch gerne probieren“, sagte Zwerglein.

24

TAUSENDBUNTER SAFT

Zuerst musste Zwerglein sich in ein Netz legen. Weil Zwerglein größer war als Biene und Fliege, wollte Spinne Zwerglein besonders gut festspinnen, damit ja nichts herausguckte.

„Sonst fällst du am Ende wieder herunter“, lächelte Spinne.

Spinne war wirklich nett, dachte Zwerglein und legte sich in das Netz.

DANN VERBAND SPINNE ihm den Mund.

Da konnte Zwerglein nicht mehr sprechen.

DANN SPANN SPINNE die Beine von Zwerglein an dem Netz fest.

Da konnte Zwerglein nicht mehr aufstehen.

DANN SPANN SPINNE die Arme von Zwerglein an dem Netz fest.

Da konnte Zwerglein nichts mehr anfassen.

DANN WICKELTE SPINNE Zwerglein ganz und gar ein. Sogar die Augen band sie zu, denn sie hatte bemerkt, wie stark Zwergleins Augen waren. Nun war Zwerglein ein großer weißer Ball, der sachte im Wind schaukelte.

PLÖTZLICH SCHOSS ETWAS Spitzes und Scharfes durch die vielen weißen Binden und stach Zwerglein in den Arm. War das ein Schreck! Erst fühlte es sich an wie ein Bienenstich. Dann lief es wie klebriger Saft durch den Arm. Vom Arm lief der klebrige Saft ins Herz. Da schlief Zwerglein ein.

NACH EINER WEILE hörte es in seinem Inneren ein ganz leises „Plopp“ und alles wurde so schön wie ganz am Anfang.

Dann wurde es kalt und heiß und Zwerglein schnappte nach Luft.

Dann. Ein Blitz. So hell wie Tausend mal Tausend Glühbirnen.

In dem gleisenden Licht tanzten die Drachen.
Die roten.
Die grünen.
Die violetten.
Die glitzernden.
All die Drachen hielten ihre Schwanzspitzen

im Maul und kreisten um Zwerglein herum.
Erst langsam.
Dann schneller und schneller, bis Zwerglein ganz schwindlig wurde.

ES WAR WIEDER ZUHAUSE.

Hier brauchte es nicht mehr zu sammeln.

Hier brauchte es nicht mehr auf hohe Bäume zu klettern.

Hier brauchte es nicht mehr zu hüpfen und zu singen.

Hier gab es kein schmerzendes Herz.

Das Kleine Plopp und das Große Plopp waren wieder zusammen.

Alles war wieder gut.

NACH EINER WEILE kam Spinne und stuppste den großen weißen Ball an. Zwerglein rührte sich nicht.

„Wie geht es da drinnen?“, fragte Spinne mit ihrer sanften Stimme.

Zwerglein hörte sie nicht. Es hörte nur noch das Kleine Plopp und das Große Plopp.

„Sehr schön“, säuselte Spinne. „Morgen komme ich, und du bekommst wieder Tausendbunten Saft.“

SO MACHTE SPINNE DAS IMMER. Erst bekamen die Gäste den Tausendbunten Saft, und nachdem sie eine Weile geschaukelt hatten und so tief schliefen, dass sie niemals mehr aufwachen konnten, biss Spinne in sie hinein.

25

JUCKENDE NASE

Zwerglein schaukelte leise im Wind. Schon lange war es nicht mehr so froh gewesen.

ES WUSSTE JA NICHT, was Spinne vorhatte!

ABER MANCHMAL PASSIEREN den allerschlausten Leuten die größten Dummheiten. Spinne war wirklich schlau. Aber dieses Mal hatte sie einen Fehler gemacht:

Spinne hatte Zwerglein genauso viel Saft gegeben wie Fliege und Biene. Für Zwerglein war das viel zu wenig. Die Nacht war erst halb vorüber, da hatte Zwerglein alle Tausendbunten Saftträume fertiggeträumt und erwachte.

ERST WUSSTE ES NICHT GENAU, wo es war. Alles war dunkel. Als es die Augen aufmachte, da war es immer noch dunkel. Außerdem war es heiß und klebrig, und es roch ein bisschen schwitzig.

. . .

MIT EINEM MAL juckte Zwergleins Nase. Als es sich kratzen wollte, merkte es, dass es seinen Arm nicht bewegen konnte. Ganz egal, wie sehr es zog und zappelte, es konnte nicht einmal den kleinsten Finger bewegen. So gut hatte Spinne das Netz gewickelt.

DA WURDE ZWERGLEIN WÜTEND und begann zu zappeln. Zuerst zappelte es nur im Inneren. Dann zappelten die Beine und dann die Arme und der Bauch und der Popo. Immer kräftiger zappelte Zwerglein. Bald war das Netz ein wenig gelockert.

Da zog es mit einem riesigen Ruck die Knie an den Kopf, und die Binden um seine Beine rissen ganz durch.

Da zog es mit einem riesigen Ruck die Ellbogen an den Bauch, und die Binden um die Arme rissen auch.

Da riss es sich die Binden vom Mund und den Augen und der Nase.

JETZT KONNTE es sich wieder an der Nase kratzen.

DIE TRÄUME im Netz der Spinne hatten Zwerglein froh gemacht. Aber wenn man sich nicht an der eigenen Nase kratzen kann, ist es alles nicht wahr.

26

AUFWACHEN!

Zuerst wollte Zwerglein einfach davonlaufen, denn es hatte riesige Angst, was Spinne noch alles anstellen würde.

DANN FIELEN ihm Biene und Fliege ein, die weiter hinten an einem anderen Baum hingen. Schnell rannte es zu den beiden.

Erst stuppste es Fliege an: „Aufwachen, Fliege."

„Ich bin Schmetterling", lallte Fliege. „Ich bin wunderschön, und keiner scheucht mich mehr davon."

Flieges Augen waren ganz weiß. Das sah schrecklich aus, denn die Augen von Fliege waren sonst immer rot.

Da stuppste Zwerglein fester: „Du bist Fliege."

„Ich bin aber lieber Schmetterling", lallte Fliege.

NUN STUPPSTE ZWERGLEIN BIENE AN: „Aufwachen, Biene."

„Ich bin Bienenkönigin", murmelte Biene.

„Hört auf mit dem Quatsch! Alle beide! Ihr müsst aufwachen und mitkommen, eh Spinne zurückkommt“, flehte Zwerglein.

„Ich will hierbleiben. Hier kann ich sein, was ich will. Ich will nicht mehr Biene sein und den ganzen Tag herumfliegen müssen.“

„Du bist aber doch Biene“, sagte Zwerglein.

„Lass uns einfach in Ruhe“, murmelte Biene.

„Ja genau, hau einfach ab“, lallte Fliege.

WAS SOLLTE ZWERGLEIN TUN? Jeden Augenblick konnte Spinne zurückkommen.

DA FIEL IHM ETWAS EIN.

27

GEISSBLATT UND PFERDEAPFEL

Hier", keuchte Zwerglein.

So schnell war es noch nie gerannt. Es bekam kaum noch Luft. In der einen Hand hielt es eine Blüte. Die hielt es Biene vors Gesicht.

„Riech!", sagte es.

„Hmmmm", summte Biene und war mit einem Mal hellwach. „Geißblatt! Das ist zu dieser Zeit kaum noch zu finden. Bind mich los! Ich muss den Schwestern sagen, dass Geißblatt noch blüht. Schnell!"

Biene konnte gar nicht abwarten, dass Zwerglein die weißen Stricke zerriss. Als sie frei war, flog sie schnell davon, um ihren Schwestern zu sagen, dass Geißblatt noch blühte.

„SEID ihr endlich fertig mit dem Krach?", maulte Fliege.

Da hielt ihm Zwerglein eine kleine braune Kugel vors Gesicht: „Riech!"

Mit einem Ruck klappte Fliege die Augen auf: „Ein Pferdeapfel. Noch einmal da hineintrampeln!"

Fliege wurde ganz aufgeregt.

Zwerglein hatte Fliege beinahe schon ausgewickelt, da kam Spinne zurück.

SPINNE SAH SOFORT, was los war.

Ganz harmlos fragte sie: „Was macht ihr beiden denn da? Wo ist Bienenkönigin? Und du, Schmetterling? Gefällt es dir nicht mehr bei mir?“

„Ich bin Fliege“, erklärte Fliege. „Und ich will jetzt gleich in diesen saftigen Pferdeapfel reintrampeln.“

„Igitt“ sagte Spinne streng. „War das deine Idee, Zwerglein?“

„Ja“, sagte Zwerglein und sah tapfer mitten in die Tausendbunten Flimmeraugen hinein.

SPINNE SCHÜTTELTE DEN KOPF. „Das war sehr dumm von dir, Zwerglein. Schmetterling mag solch eklige Dinge nicht. Um Schmetterling schwebt der Duft von Nektar und wildem Klee. Schmetterling trampelt nicht in Pferdeäpfeln herum. Schmetterling tanzt im Licht.“

Sie sah Fliege in die Augen: „Nicht wahr, Schmetterling?“

Fliege sagte nichts.

„Entschuldigung“, sagte Zwerglein. „Ich bin nicht so klug. Aber ich kenne Fliege. Fliege trampelt gerne in Pferdeäpfeln herum. Und das hier ist auf jeden Fall Fliege.“

„Ist das wahr?“, fragte Spinne und starrte mit ihren Tausendbunten Flimmeraugen tief in Fliege hinein.

„Ja. Nein. Ich weiß nicht“, stammelte Fliege und versuchte wegzusehen.

„Du kannst sein, wer du willst“, säuselte Spinne. „Das willst du doch. Nicht wahr, Schmetterling?“

Fliege sagte nichts mehr.

SPINNE BLITZTE ZWERGLEIN mit gleisenden Augen an: „Siehst du! Fort mit dir! Ehe ich wütend werde. Schmetterling braucht Ruhe. Du bringst ihn nur durcheinander."

Fliege sagte immer noch nichts.

Da legte Zwerglein den Pferdeapfel auf den Boden und ging fort.

„Lass dich ja nie wieder hier blicken!", rief Spinne Zwerglein hinterher.

28

NACHTFLUG

Zwerglein tastete sich eine lange Zeit zwischen den Bäumen hindurch. Endlich fand es aus dem Wald heraus. Draußen war es nicht mehr ganz so dunkel. Aber auch nicht hell.

HIMMEL HATTE sein großes schwarzes Nachtauge geöffnet, in dem alles war und in das keiner hineinschauen konnte. Auf dem Nachtauge glitzerten silbrige Staubkörnchen. Zwerglein fragte sich, ob Himmel manchmal blinzeln musste.

ZWERGLEIN WAR JETZT WIEDER GANZ WACH. Seine Arme und Beine schmerzten ein wenig vom Tausendbunten Saft und den engen Binden. Sein Herz schmerzte schlimm, weil es wieder an Lerche denken musste.

Im Netz der Spinne hatte es keine Schmerzen gespürt. Im Netz der Spinne hatte es sogar das Große Plopp gehört. Fast bereute es, dass es weggegangen war. Aber es war alles nicht wahr gewesen.

. . .

DA KAM ihm ein schrecklicher Gedanken: Was, wenn das Große Plopp überhaupt niemals wahr gewesen war?

ZWERGLEIN SAH HINAUF zu dem großen schwarzen Auge und all den glitzernden Staubkörnchen darin und flüsterte: „Weißt du, wo das Große Plopp ist?"

DA RAUSCHTE ES ÜBER ZWERGLEIN, und alles wurde schwarz. Das Nachtauge mit all seinen glitzernden Staubkörnchen verschwand.

Etwas krallte sich in Zwergleins Kragenhaut und riss es nach oben, weit hinauf in die schwarze Luft. Zwerglein zappelte und strampelte.

„JETZT HALT ENDLICH STILL, sonst lass ich dich fallen", schimpfte eine dunkle Stimme.

Zwerglein erkannte, dass das Eule war. Eules mächtige Flügel breiteten sich über Zwerglein, wie die Zweige eines Baumes. Tief unten auf der dunklen Wiese lagen winzige rabenschwarze Puschel. Das waren die wirklichen Bäume.

Zwerglein wollte auf keinen Fall noch einmal hinunterstürzen. Es kniff die Augen zu und hielt so still es konnte. Nur sein Herz klopfte laut wie ein Specht.

29

EULE

„Du musst die Augen aufmachen“, sagte Eule, die gemerkt hatte, dass Zwerglein die Augen zukniff, „sonst verpasst du den Flug.“

Eule merkte immer alles. Darauf war sie sehr stolz.

„Ich hab aber Angst“, jammerte Zwerglein.

„Die Nacht ist sehr schön“, sagte Eule. „Es ist gut, etwas Schönes zu sehen, bevor ich dich beiße.“

„Was!“, schrie Zwerglein und zappelte wieder los.

„Wenn du so zappelst, kann ich dich nicht festhalten. Dann fällst du herunter“, mahnte Eule. „Soll ich dich lieber beißen, oder soll ich dich fallenlassen?“

Zwerglein dachte nach.

„Gibt es nur die zwei?“, fragte es. „Ich will nämlich nicht, dass du mich beisst. Aber herunterfallen will ich auch nicht. Ich bin schon zweimal heruntergefallen. Das war nicht schön.“

„Was willst du dann?“, fragte Eule. Sie keuchte ein bisschen. Zwerglein war wirklich sehr schwer. Das wollte sie aber nicht zugeben.

„Vielleicht setzen wir uns lieber auf einen Baum“, sagte Zwerglein. „Auf einem Baum kann ich besser nachdenken.“

„Ja, das ist vielleicht besser“, sagte Eule erleichtert.

EULE FAND einen Baum und setzte sich darauf. Dabei ließ sie Zwerglein los. Zwerglein klammerte sich gerade noch rechtzeitig an einen dicken Ast, sonst wäre es wieder heruntergefallen. Vorsichtig zog es sich auf den Ast und sah sich um. Das Nachtauge glitzerte.

„WAS WILLST DU?“, fragte Eule. Sie war ein bisschen unwirsch, weil sie sehr hungrig war.

„Das weiß ich nicht“, gestand Zwerglein.

„Wenn dir nicht schnell etwas einfällt, muss ich dich beißen“, sagte Eule.

„Ich will das Große Plopp finden“, sagte Zwerglein.

EULE WAR ihr ganzes Leben lang durch die schwarze Nacht geflogen. Sie wusste viele Antworten. Sie wusste auch dann die Antwort, wenn sie die Antwort gar nicht wusste.

„Dann musst du dorthin gehen, wo alles anfängt“, sagte sie.

„Zu Quelle?“, fragte Zwerglein.

„Zu Quelle“, sagte Eule.

„Dafür sind meine Beine zu kurz“, sagte Zwerglein. „Kannst du mich vielleicht, bitte, tragen? Das wäre sehr nett.“

WEIL ZWERGLEIN SO HÖFLICH WAR, konnte Eule ja schlecht ‚nein‘ sagen.

„Bis zu Quelle kann ich dich nicht tragen. Wenn mein Hunger noch ein bisschen wächst, muss ich dich beißen“, sagte sie.

„Wie weit kannst du mich denn tragen, bevor du beißen musst?“, fragte Zwerglein.

„Ich kann dich in Fluss werfen. Das schaffe ich gerade noch. Danach musst du so gehen, wie das Wasser nicht fließt. Gegen den Strom ist der Weg zu Quelle.“

Solche Sachen sagte Eule gerne.

EHE ZWERGLEIN ETWAS SAGEN KONNTE, packte sie es an seiner Kragenfalte und erhob sich hoch in die Luft. Diesmal hielt Zwerglein die Augen offen. Bald sah es das glitzernde silberne Band zwischen den schwarzen Baumpuscheln. Das war Fluss.

ZWERGLEIN HOFFTE SEHR, dass Eule jetzt ein bisschen tiefer fliegen würde. Doch das kam Eule gar nicht in den Sinn. Leute, die fliegen können, haben keine Angst vor dem Herunterfallen.

Als Fluss genau unter ihnen lag, ließ Eule einfach los.

„Plopp“, machte Zwergleins Herz, als Zwerglein in die Tiefe stürzte.

„Platsch“, machte Fluss, als jemand von ganz oben mitten ins Wasser klatschte.

„Quak!“, schimpfte Frosch. „Wer macht denn hier so einen Krach? Mitten in der Nacht!“

ZWERGLEIN ANTWORTETE NICHT. Es gluckerte tief hinunter ins rabenschwarze Wasser. Es war ja schon vorher zweimal gestürzt. Aber noch nie von so hoch oben und noch niemals so tief hinunter.

30

GANZ UNTEN

Zwerglein sank und sank. Hier unten war es so dunkel wie in einem schwarzen Fass voll schwarzer Farbe mitten der schwarzen Nacht.

ES WAR AUCH SEHR KALT. Vor lauter Kälte hörte Zwerglein auf zu atmen. Das war aber ein Glück, denn sonst hätte es ja lauter Wasser eingeatmet.

ZWERGLEIN SANK bis in den Sand. Am Tag war der Sand gelb und darüber glitzerte das Wasser. Jetzt war sogar der Sand schwarz und kalt. Alles war so still hier unten, dass auch Zwerglein vollkommen stillhielt. Das war aber auch wieder ein Glück, denn als es ganz und gar unten angekommen war, stieg es von selbst wieder nach oben wie ein Ballon voll Luft.

„PLUPP“, machte Zwergleins Kopf, als Zwerglein wieder auftauchte.

„Huuuh“, machte Zwerglein und schnappte nach Luft.

„Was soll das denn?“, schimpfte Frosch. „Mitten in der Nacht so ein Krach!“

Frosch war Künstler. Deshalb hatte er sehr empfindliche Ohren.

DANN PACKTE FLUSS Zwerglein mit seinen eiligen Wellen und spülte es auf die Felsen zu.

„Hilfe!“, schrie Zwerglein.

„Da könnte ja jeder kommen“, sagte Frosch und schaute empört hinter Zwerglein her, das gerade beinahe gegen einen Felsen knallte.

Zwischen den Felsen beeilten sich die Wellen noch mehr. Sie sprudelten und schäumten vor lauter Eile. Zwerglein wurde herumgeworfen wie ein Ball. Zuletzt wusste es gar nicht mehr, wo oben und unten war.

„WAS MANCHE LEUTE ANSTELLEN, wenn sie nicht schlafen können“, maulte Frosch und begann wieder zu quaken. Er studierte gerade ein großes Konzert ein und konnte keine Zeit mit seltsamen Wesen verlieren, die mitten in der Nacht vom Himmel fielen.

31

OHRENSCHMERZEN

Fluss schleuderte Zwerglein noch eine Weile hin und her. Dann warf er es an einen kleinen sandigen Strand.

„Danke!“, keuchte Zwerglein. „Du spielst mir ein bisschen zu wild.“

DANN BEGANN ES, den ganzen Weg, den es hinabgespült worden war, wieder hinauf zu gehen. Alles war dunkel. Zwerglein war nachtmüde und wasserkalt, und hungrig war es auch.

NACH VIELEN BIEGUNGEN kam es wieder an Frosch vorbei, der immer noch auf seinem Felsen saß und das große Konzert einstudierte.

Als er Zwerglein sah, sagte er streng: „Ich weiß ja nicht, was du dir dabei gedacht hast, so einfach vom Himmel zu fallen. Aber manche Leute müssen arbeiten und können ein solches Theater nicht gebrauchen.“

„Und manche Leute bekommen Ohrenschmerzen von deinem Gequake", sagte Zwerglein.

Zwerglein war immer zu allen Leuten freundlich. Aber heute war es nachtmüde und wasserkalt, und sein Hunger wurde immer schlimmer.

DANACH WAR FROSCH lange Zeit beleidigt und konnte nicht mehr musizieren. Daran war nur dieses Zwerglein schuld, dachte Frosch. Ein schrecklicher Verlust für die Kunst. Die meisten Leute am Fluss waren froh über die Ruhe. Nicht alle hatten Freude an den Konzerten von Frosch.

32

QUELLE

Zwerglein ging immer weiter. Gegen den Strom, genau wie Eule gesagt hatte.

NACH EINER WEILE kam ein Berg. Von dort oben sauste Fluss herunter, und dort hinauf musste Zwerglein. Das war ein schwieriger Weg für so ein kleines Zwerglein.

Die Felsen guckten streng und halfen kein bisschen mit. Zwerglein musste alle Ritzen und Kanten zum Festhalten selbst finden. Und überall wuchsen Dornen, die Zwerglein festhalten wollten. Bald war es überall zerkratzt und zerschrammt.

WÄHREND ZWERGLEIN SICH ABMÜHTE, schwebte Sonne auf der anderen Bergseite hinauf. Als sie oben angekommen war, schickte sie ihre warmen Strahlen über den Gipfel. Da begann Zwerglein zu schwitzen.

. . .

IMMER STEILER GING ES HINAUF. An einer besonders steilen Stelle ließ Fluss sich einfach hinabfallen und knallte mit riesigem weißen Gespritze auf die Felsen auf. Als Zwerglein an dieser Stelle vorbei kletterte, wurde es ganz schwindlig.

„DREIMAL BIN ICH JETZT HINABGESTÜRZT. Das reicht mir“, dachte Zwerglein und klammerte sich fest an die Felsen.

NOCH WEITER OBEN WURDE FLUSS ZU ganz vielen kleinen Rinnsalen, die aus Spalten in den Felsen hervorsprudelten. Dazwischen lagen gemütliche Kissen aus grünen Moos. Hier lebte Quelle.

„GUTEN MORGEN, QUELLE“, sagte Zwerglein und drehte sich im Kreis, weil es nicht genau sah, wer von all dem Gesprudele Quelle war.

„Hier bin ich“, murmelte Quelle von allen Seiten: „Trink einen Schluck. Wer zu mir kommt, soll nicht denken sondern trinken.“

„Vielen Dank“, sagte Zwerglein, wie es sich gehörte. „Ich bin heute nacht schon untergegluckert. Dabei habe ich genug getrunken.“

RINGSUMHER KICHERTE ES. Zwerglein musste gleich an den Gesang von Lerche denken. Der klang auch so hell.

„Trink trotzdem einen Schluck“, gurgelte Quelle.

Da trank Zwerglein ein wenig Wasser. Das Wasser schmeckte ihm gut.

„Und jetzt ruh' dich aus", gluckerte Quelle.

Da ließ sich Zwerglein in die grünen Kissen fallen. War das aber schön!

„Du hast es sehr gemütlich", sagte Zwerglein.

Dann schlief es ein.

ALS ZWERGLEIN ERWACHTE kletterte Sonne schon wieder den Berg hinunter.

Weil Quelle immer noch von allen Seiten gurgelte, drehte sich Zwerglein wieder im Kreis herum und sagte: „Ich suche das Große Plopp."

Von allen Seiten gurgelte es: „Lass dich hinabfallen. Das macht Plopp."

„Das hab ich schon drei Mal", sagte Zwerglein. „Das reicht mir."

„War es schön?", kicherte Quelle.

„Ich denke nicht", sagte Zwerglein.

„Denken hilft nicht", kicherte Quelle.

QUELLE HALF AUCH NICHT, fand Zwerglein. Es ging zurück zu den strengen Felsen und krabbelte in eine dunkle Ritze. Dort dachte es nach.

ZWERGLEIN HATTE sich von Eule herunterwerfen lassen und im schwarzen Wasser zum Grund sinken lassen und von Fluss herumschleudern lassen, und dann war es auch noch den steilen Berg hinaufgekrabbelt. Da konnte es doch jetzt nicht aufgeben.

33

SÜSSE BEEREN

Zwerglein dachte den ganzen Abend nach, und danach noch die ganze Nacht.

VON ALLEN SEITEN KAMEN GEDANKEN. Immer, wenn Zwerglein einen Gedanken beinahe fertig gedacht hatte, kam ein anderer. Alle Gedanken schubsten sich gegenseitig herum und schrien durcheinander. Am Ende blieb nur der Gedanke übrig, der am lautesten schrie.

„ICH BIN NICHTS", schrie der Gedanke.

DAS WAR NICHT SCHÖN. Sogar die schlimmen Herzschmerzen waren nicht so schlimm gewesen wie dieser Gedanke. Am liebsten hätte Zwerglein sich mit dem Gesicht ins Moos gelegt und wäre ganz verschwunden. Schließlich war es immer noch besser, gar nicht zu sein, als ‚nichts' zu sein.

. . .

ZWERGLEIN SCHLURFTE ZURÜCK ZU QUELLE. Es mochte noch nicht einmal mehr die Füße hochheben. Wenn man nichts war, brauchte man auch nichts mehr zu machen.

"Ich bin nichts", klagte Zwerglein.

Quelle gluckerte und gurgelte und kicherte: „Du hast schon wieder gedacht. Du solltest lieber etwas beißen.“

„Ich esse nur Äpfel", sagte Zwerglein. "Die sind rund."

„Such dir ein paar Beeren“, gluckerte Quelle. „Die sind auch rund.“

ZWERGLEIN WOLLTE LIEBER WEINEN als beißen. Aber als Quelle sonst nichts mehr sagte, machte es sich auf die Suche. Zuerst fand es die roten Vogelbeeren. Die breiteten sich wie feiner weicher Sand im Mund aus und wurden dann ein bisschen süß.

Das gefiel Zwerglein.

DA SAH es sich weiter um. Zwischen spitzen Stacheln hingen die Schlehen. Außen hatten sie eine schwarze Haut. Die Haut war ganz sauer. Aber als Zwerglein hineinbiss, kleckerte süßer, hellgrüner Saft heraus. Da biss Zwerglein die saure Haut und schlabberte den süßen Saft, bis sein ganzes Gesicht verschmiert war.

DA SAH es sich weiter um. Im einem Strauch hingen die dunkelblauen Holunderbeeren, die so freundlich und lieblich dufteten, dass Zwerglein sich von der Nase bis zu den Zehen freute. Als es die Beeren in den Mund steckte, wurde sein

Bauch ganz gemütlich vom dem warmen, schwarzen Saft. Mit einem Mal war es nicht mehr so traurig.

DA SAH es sich weiter um. Am Rosenstock hingen die Hagebutten. Die hatten außen einen roten Brei, der ein Bisschen duftete wie Rosen. Innen steckten lauter klitzekleine Nüsse, die zwischen den Zähnen knurpselten. Wenn man ganz viele davon knurpselte, wurde man so stark wie ein Bär. Weil Zwerglein so klein war, wurde es natürlich nur so stark wie ein kleiner Bär.

ZWERGLEIN BISS VOGELBEEREN und Schlehen und Holunderbeeren und Hagebutten, bis sein Bauch so rund war, wie all die Beeren. Dann schlief es ein.

ALS ES WIEDER AUFWACHTE, rannte es gleich zu Quelle.

"Ich kann Beeren beißen!", rief es und zeigte auf seinen Bauch.

"Dein Bauch sieht auch genauso aus wie eine dicke Beere", kicherte es ringsumher.

QUELLE KLANG NICHT NUR SO HELL wie der Gesang von Lerche. Sie klang auch wie der Gesang von Frosch und das Wiehern von Pferd und das Summen von Biene. Sie klang wie alles, was Zwerglein je gehört hatte, und da erinnerten sich Zwergleins lange Ohren an alles, was es einst vergessen hatte.

. . .

DA MUSSTE ZWERGLEIN LACHEN, denn es wusste mit einem Mal, was es war.

„Ich bin froh!“, lachte es.

„Was bist du?“, gurgelte Quelle.

„Ich bin froh!“, jubelte es.

„Weisst du das wirklich?“, gluckerte Quelle.

„Ja", sagte Zwerglein. „Ich bin froh.“

DA KICHERTE QUELLE RINGSUMHER. Das war alles. Mehr gab es nicht.

ALSO KLETTERTE ZWERGLEIN den Berg wieder hinunter.

34

HINABFALLEN

Weil die Felsen so steil waren, musste Zwerglein immer wieder nachdenken, wo es sich festhalten sollte. Jedes Mal, wenn es so nachdachte, ging das Frohe ein wenig weg. Nebenan plätscherte Fluss den Berg hinab.

FLUSS DACHTE NIEMALS nach und hatte riesigen Spaß.

DA SUCHTE sich Zwerglein ein dickes Stück Holz und krabbelte damit auf den hohen Felsen, der genau über der Stelle hing, wo Fluss sich in die Luft warf und hinunterdonnerte. Tief unter Zwerglein schäumten große, weiße Wasserstrudel. Da hätte es beinahe doch nachgedacht. Aber das sollte es ja nicht mehr.

„HUH!", schrie es, so laut es nur konnte, damit es seine Gedanken nicht mehr hören musste. Dann umklammerte es das Holz und stürzte sich mitten hinein in den brodelnden, weißen Schaum.

MIT EINEM MAL stand alles still.

Wassertropfen flatterten zum Himmel.
Tausend verzauberte Schmetterlinge,
Mittendrin Zwerglein.
Auf wässrigen Flügeln.

DANN PACKTEN die Wellen wieder zu und rissen das Holzstück mit Zwerglein zwischen den Felsen hinab.

„Huh!“, schrie Zwerglein, bevor das Wasser über seinem Kopf zusammenschlug.

„Huh!“, schrie Zwerglein, als sein Kopf wieder auftauchte.

Da sauste es auch schon an dem Stein vorbei, auf dem Frosch sonst musiziert hatte.

Als die Wellen zwischen den engen Felsen hindurchsausten und wieder schaumiger wurden, schrie Zwerglein noch einmal: „Huh!“

DANN WARFEN die Wellen es an den kleinen Strand.

35

ZEIT FESTHALTEN

Das hat gut geklappt", sagte Zwerglein und schüttelte das Wasser ab. „Hinabstürzen kann ich also auch."

„JA, JA", quakte es düster. „Manche Leute denken, sie können einfach alles."

Zwerglein erkannte gleich die Stimme von Frosch. Es drehte sich einmal ganz herum, aber Frosch war nirgendwo zu sehen.

„Hier bin ich", quakte es.

Zwerglein machte die Ohren ganz lang, damit es hörte, wo die Stimme herkam.

Genau da, wo der Sand aufhörte und das Gebüsch anfing, stand ein kleines Zelt aus einem großen Blatt. Darunter saß Frosch. Er hatte die Beine zusammengeknotet und hielt die Hände vor der Brust zusammengefaltet. Es sah sehr schwierig aus.

„WARUM SITZT du unter einem Blatt?", fragte Zwerglein.

„Damit ich nicht nass werde“, sagte Frosch.

„Und warum hast du die Beine so verknotet?“, fragte Zwerglein.

„Ich halte Zeit fest“, sagte Frosch.

„Wen hältst du fest?“, fragte Zwerglein.

„Zeit ist, wenn alles vorbeifließt. Ich halte sie fest, damit alles stillsteht“, erklärte Frosch.

„Das ist schön“, sagte Zwerglein und dachte an die Tausend verzauberten Schmetterlinge.

„Davon verstehst du nichts“, sagte Frosch mit großer Würde.

Zwerglein schwieg. Es wollte Frosch nicht wieder ärgern.

DANN FIEL ihm noch etwas ein: „Es tut mir leid, was ich neulich gesagt habe. Über die Ohrenschmerzen.“

„Alles fließt mit der Zeit davon“, sagte Frosch.

„Aber die hältst du doch fest?“, fragte Zwerglein.

„Dummes Gequake“, sagte Frosch und machte ein angestrengtes Gesicht, damit Zwerglein sehen konnte, wie schwierig das Zeit-Festhalten war.

Das sah Zwerglein aber nicht. Es legte sich neben Frosch in die Sonne und schaute den Libellen in ihren hübschen blauen Kleidern zu.

„DAS REICHT FÜR HEUTE“, sagte Frosch nach einer Weile und knotete seine Beine auf. „Wenn man zu viel Zeit festhält, ist es schlecht für die Strömung.“

Zwerglein war froh, dass es Beeren beißen und hinabstürzen konnte. Was Frosch machte, sah nicht so lustig aus.

. . .

„NUR MAL SO NEBENBEI. Hast du das neulich ehrlich gemeint, mit den Ohrenschmerzen?“ fragte Frosch und machte ein Gesicht, als ob er an viel wichtigere Dinge denken musste.

„Ja“, sagte Zwerglein, das nicht sagen konnte, was nicht war.

Frosch zog die breiten Mundwinkel nach unten: „Dann kannst du jetzt zufrieden sein. Ich musiziere nicht mehr.“

„MACHT dich das Musizieren denn nicht froh?“, fragte Zwerglein.

„Ich bin doch nicht Lerche und trällere einfach herum, weil es mich froh macht“, sagte Frosch und dachte an sein großes Konzert.

„Ich bin gern froh“, sagte Zwerglein.

„Das hab ich mir gedacht“, sagte Frosch.

„MACHT dich das Nicht-Musizieren denn froh?“, fragte Zwerglein.

Mit Frosch musste man wirklich viel Geduld haben.

„Diese Frage ist ganz und gar dumm“, sagte Frosch und knotete wieder seine Beine und Arme zusammen, um die Zeit festzuhalten.

„WENN DU DIE Frage jetzt nicht beantworten willst, dann lass ich sie dir für später da“, sagte Zwerglein und ging weiter.

36

IGEL

Als das Gebüsch aufhörte und der Wald anfing, wäre Zwerglein beinahe in ein rundes stacheliges Ding getreten.

DAS DING SAH aus wie eine Kastanienschale. Aber es war viel größer, und es atmete auch ein Bisschen.

„Guten Tag, Igel!“, rief Zwerglein.

Igel rollte sich noch fester zusammen und hielt die Luft an.

„ICH WEISS DOCH, dass du da drin bist!“, rief Zwerglein lauter, damit Igel es ganz sicher hören konnte. „Komm ruhig raus!“

„Da bin ich mir nicht so sicher“, murmelte Igel.

IGEL REDETE IMMER SEHR LEISE. Er redete gern, aber er wollte nicht, dass jemand das bemerkte.

. . .

ZWERGLEINS LANGE OHREN hörten ihn aber doch: „Du kannst doch nicht immer da drin bleiben“, rief es.

„Man kann nicht vorsichtig genug sein“, brummte Igel.

„Aber wenn es nicht genug ist, dann reicht es ja sowieso nicht“, wunderte sich Zwerglein.

„Du hast gut reden“, brummte Igel und streckte die Nase vorsichtig nach draußen. „Wenn du wüsstest, was alles passieren kann.“

„WAS KANN DENN PASSIEREN?“, sagte Zwerglein.

„Neulich hat Fuchs beinahe in meine Cousine gebissen“, sagte Igel. Seine Nase zitterte. So sehr gruselte er sich.

„Das ist gut“, sagte Zwerglein.

„Gut?“, schimpfte Igel. „Was soll denn daran gut sein?“

„Wenn er beinahe in sie hineingebissen hat, dann hat er ja nicht wirklich in sie hineingebissen. Das ist gut“, erklärte Zwerglein.

„DU MACHST es dir zu leicht. Das kommt, weil noch keiner beinahe in dich hineingebissen hat.“

„Eichhörnchen hat in meine Nase gebissen“, verteidigte sich Zwerglein.

„Das ist ein Unterschied“, sagte Igel.

„Ja. Weil Eichhörnchen wirklich gebissen hat und nicht beinahe“, sagte Zwerglein.

Dann fiel ihm etwas ein: „Aber Eule hat neulich beinahe in mich hineingebissen.“

. . .

KLOCK!

Igel klappte die Stacheln auseinander und setzte sich hin. Seine Augen sahen aus wie schwarze Holunderbeeren: „Eule! Grauenvoll! Vollkommen grauenvoll!"

„Nein, nein", sagte Zwerglein. „Eule hat mich fallengelassen."

Igels Augen wurden noch größer. Beinahe wie Heidelbeeren: „Von oben? Entsetzlich, einfach entsetzlich", rief er.

„Nein, nein", sagte Zwerglein. „Ich bin in Fluss gefallen."

„Verheerend. Ein Alptraum!", rief Igel. Seine Augen sahen jetzt schon so groß aus wie schwarze Kirschen.

Er war ganz begeistert.

„NEIN, nein. das war doch gar nicht schlimm", sagte Zwerglein schnell, damit Igels Augen nicht platzten. „Die Wellen haben mich herumgewirbelt, bis ich ans Ufer knallte. Und schon war alles vorbei."

Igel zog die Stacheln dichter um die Schultern. „Was ist nur aus dieser Welt geworden?", klagte er.

„ABER IGEL", tröstete Zwerglein. „Wenn das nicht alles genau so gekommen wäre, dann wäre ich doch jetzt nicht hier."

„Es hätte aber auch anders kommen können", sagte Igel düster. „Man muss sich alles vorher überlegen. Man weiß schließlich nie, was kommt."

Zwerglein war verwirrt: „Aber wenn man nicht weiß, was kommt, wie soll man dann vorher überlegen?"

DA ZOG Igel seine Stacheln wieder zu und sagte nichts mehr.

37

FLIEGE

Auf einer Waldlichtung begegnete es Fliege.

DA FREUTE SICH ZWERGLEIN.

„Guten Tag“, sagte es und hörte gerade noch rechtzeitig auf. Eigentlich hatte es sagen wollen: „Guten Tag, Fliege.“

Das hätte Fliege vielleicht nicht gefallen.

Fliege stand in dem frischen, warmen Haufen einer Kuh. Alle sechs Füße waren bis zum Bauch beschmiert. Seine Augen funkelten rot wie reife Hagebutten.

„DAS IST GUT, dass du nicht mehr im Netz hängst“, sagte Zwerglein. „Ich hab dich nämlich vermisst.“

Da wäre Fliege vor lauter Schreck beinahe von seinem Kuhhaufen heruntergefallen.

„Vermisst?“, fragte er.

Ihn hatte noch niemals jemand vermisst.

Zwerglein nickte, und beide freuten sich eine Weile zusammen.

ALS SIE SICH genug zusammen gefreut hatten, wollte Zwerglein weitergehen.

Da sagte Fliege: „Weisst du noch, wie du mir bei Spinne den kleinen Pferdeapfel dagelassen hast?“

Zwerglein nickte.

„Ich hab immer gedacht, wenn Große Kälte und Weißer Schnee kommen, muss ich zurück zum Großen Ei. Vorher wollte ich einmal jemand Schönes sein“, sagte Fliege verlegen.

Das verstand Zwerglein gut.

FLIEGE ERZÄHLTE WEITER: „Als du gegangen warst, tobte Spinne eine Weile wütend herum. Es war schrecklich. Dann brachte sie mir eine große Portion Tausendfarbigen Saft, damit ich ja nicht wieder aufwachen sollte. Da wurde ich ein noch schönerer Schmetterling. Ich flatterte herum. Alles duftete nach Honig. Keiner scheuchte mich weg. Aber dann begann dieser kleine braune Haufen in der Sonne immer stärker zu riechen. Da wusste ich, was ich am allerliebsten wollte.“

Zwerglein nickte: „Du wolltest da reintrampeln.“

„Genau. Zum Glück hattest du die meisten Stricke ja schon gerissen. Als ich anfing zu zappeln, gingen die letzten Stricke leicht ab. Ich flog gleich auf den Pferdapfel und trampelte darin herum. Weg war der Tausendfarbige Saft. Ich schmeckte nur noch den Pferdeapfel. Wir Fliegen schmecken nämlich mit den Füßen. Weißt du, wie Pferdeapfel schmeckt?“

Zwerglein schüttelte den Kopf.

„Pferdeapfel schmeckt wie Erde, die zurück nach Hause kommt."

„Erde, die zurück nach Hause kommt", sagte Zwerglein. „Das schmeckt bestimmt sehr schön."

„Siehst du?", sagte Fliege. „So etwas Schönes schmecken nur wir Fliegen."

Er flog davon. Im Abendlicht glitzerten seine Flügel wie silbriger Tau.

38

APFELMATSCHE

Als Zwerglein nach Hause kam, hing Eichhörnchen mit dem Bauch über einem Ast von Apfelbaum und ließ alle Viere herabbaumeln.

„GUTEN TAG, EICHHÖRNCHEN“, sagte Zwerglein.

Eichhörnchen sagte nichts.

„Schläfst du?“, fragte Zwerglein und wunderte sich, weil eigentlich niemand so ungemütlich schlafen konnte. Selbst Eichhörnchen nicht.

Ein Auge von Eichhörnchen ging auf und guckte schief an Zwerglein vorbei.

„Hicks“, sagte Eichhörnchen.

„Bist du krank?“, fragte Zwerglein.

„Hicks“, sagte Eichhörnchen.

„Vielleicht krabbelst du besser runter“, sagte Zwerglein. „Runterkrabbeln ist besser als runterfallen.“

„Hicks“ sagte Eichhörnchen und machte das zweite Auge auch auf.

Dann versuchte es, mit dem Kopf zuerst herunterzukrabbeln. Das ging aber nicht so gut.

„Du krabbelst aber komisch", sagte Zwerglein.

GENAU DA MACHTE ES "PLUMPS", und Eichhörnchen fiel vor die Füße von Zwerglein.

„Ist nicht schlimm", hickste Eichhörnchen und schielte zu Zwergleins Gesicht hinauf.

Dann fing es an zu weinen: „Buhu!"

„Hast du dir weh getan?", fragte Zwerglein.

Da weinte Eichhörnchen noch mehr: „Ich bin so buhuhu. Ich bin so böhöhö-se."

„Nein", sagte Zwerglein.

„Dohohoch", weinte Eichhörnchen.

„Aber warum denn?", fragte Zwerglein.

DA ERZÄHLTE EICHHÖRNCHEN, was passiert war.

Als Zwerglein nicht wiedergekommen war, hatte Eichhörnchen Zwergleins Äpfel weggeschleppt und in ein Loch gestopft. Heute war ein komischer Duft aus dem Loch gekommen. Als Eichhörnchen nachgesehen hatte, da war da nur noch Matschiges gewesen. Weil es aber so süß roch, hatte Eichhörnchen mit einem Strohhalm das ganze Matschige aus dem Loch geschlabbert.

Zwerglein sagte: „Das ist bestimmt nicht gut, das Matschige aus einem Loch zu schlabbern."

„Dohohoch", sagte Eichhörnchen und kicherte.

DANN FING es gleich wieder an zu weinen. „Aber ich hab

alle deine Äpfel weggenommen, und jetzt hast du nichts mehr zum Reinbeissen."

Daran hatte Zwerglein noch gar nicht gedacht.

Eichhörnchen weinte noch mehr: „Dann stirbst du."

"Was ist sterben?", fragte Zwerglein.

"STERBEN IST, wenn man nicht wiederkommt."

„Geht das denn?", fragte Zwerglein verwundert.

Eichhörnchen nickte: „Wenn du stirbst, hab ich keinen Freund mehr."

„Bin ich denn dein Freund?", fragte Zwerglein und wunderte sich noch mehr.

„Du bist mein allerbester Freund", schluchzte Eichhörnchen.

Dann hickste es und schlief auf dem Boden ein.

DA DECKTE ZWERGLEIN ein großes Blatt über Eichhörnchen, damit es auf dem kalten Boden keinen Schnupfen bekam.

Eichhörnchen hatte all seine Äpfel weggeschleppt. Das war nicht schön. Aber das war auch nicht böse. Das kam, weil Eichhörnchen eben Eichhörnchen war.

Eichhörnchen hatte auch gesagt, dass Zwerglein sein Freund war. Das war schön.

„Ich komme immer wieder", flüsterte Zwerglein dem schlafenden Eichhörnchen zu. „Ich lass meine Freunde nicht im Stich."

39

FREUNDE

Am nächsten Tag rannte Eichhörnchen gleich wieder den Baum hinauf.

„GUTEN MORGEN!", rief Zwerglein ihm hinterher.

„Sei bloß still!", brummte Eichhörnchen, dem der Kopf weh tat. Es hatte alles vergessen.

„Mach ich!", rief Zwerglein vergnügt.

Es machte sich nichts daraus, dass Eichhörnchen alles vergessen hatte.

So war Eichhörnchen eben.

Eichhörnchen war sein Freund.

40

FÜNF ÄPFEL

Später kam Pferd vorbei.

„Ich hab gehört, der alte Gauner hat deine Äpfel geklaut", sagte es.

„Ja", sagte Zwerglein. "Aber Eichhörnchen ist mein Freund."

„Ein Freund nutzt wenig", brummte Pferd. „Wenn Große Kälte und Weißer Schnee kommen, muss man etwas zum Reinbeißen haben."

„Oh", sagte Zwerglein und dachte nach. Dann sagte es: „Es gibt ja auch Beeren. Die schmecken gut."

„DU BIST WIRKLICH DUMM", sagte Pferd. „Aber ich werde dir helfen. Apfelbaum hält immer noch fünf Äpfel fest. Jetzt pass mal auf!"

Pferd nahm Anlauf und rannte mit seinem großen Pferdekörper gegen Apfelbaum.

Apfelbaum ächzte, als die trockene Rinde aufriss. Aber die Zweige hielten alle fünf Äpfel ganz fest.

„Dir werd ich es zeigen!“, schimpfte Pferd und wollte wieder Anlauf nehmen.

„Nein!“, schrie Zwerglein und stellte sich vor Apfelbaum. „Du tust Apfelbaum doch weh!“

„DUMMHEITEN“, sagte Pferd. „Ohne die fünf Äpfel hast du nichts zum Reinbeißen.“

„Apfelbaum hat so viele Äpfel gemacht“, sagte Zwerglein. „Wir dürfen nicht alle wegnehmen.“

„Dummheiten“, sagte Pferd.

„Das ist gerecht“, sagte Zwerglein.

Wenn etwas gerecht war, konnte Pferd nichts dagegen sagen.

Er schüttelte den Kopf und brummte: „Das wird dir später leid tun.“

41

BIENENSCHWESTERN

Zwerglein hörte gar nicht zu, was Pferd sagte.
Es sah nur, wie stark die Rinde von Apfelbaum eingerissen war.

„Tut es sehr weh?", fragte Zwerglein.

Apfelbaum sagte nichts.

Zwerglein hörte es aber trotzdem.

„Ich hab eine Idee", sagte es.

BIENE SASS in der Hecke und ruhte sich aus. Ihr gelbes Fell war ganz zerzaust von all der Arbeit. Zum Glück war der Herbst fast vorbei. Bald konnte sie schlafen gehen.

„Guten Tag, Biene", sagte Zwerglein.

„Guten Tag, Zwerglein", sagte Biene.

„Willst du noch einmal arbeiten?", fragte Zwerglein. „Für mich?"

FÜR ZWERGLEIN WOLLTE Biene gerne noch einmal

arbeiten, und ihre tausend Schwestern wollten das auch. Sie flatterten und surrten um Apfelbaum und strichen Wachs in die kleinen und großen Risse.

Zuletzt war die Rinde von Apfelbaum so heil und so glatt wie schon lange nicht mehr.

Da flogen Biene und ihre tausend Schwestern nach Hause.

ZWERGLEIN DACHTE AN ALL DIE ÄPFEL, die es im Sommer gesammelt hatte. Da sammelte es die braunen Äpfel von Pferd und legte sie zwischen die Wurzeln von Apfelbaum.

Für jeden süßen Apfel, den es im Sommer
gesammelt hatte, gab es einen braunen
Apfel zurück.
Für jeden sauren Apfel, den es im Sommer
gesammelt hatte, gab es einen braunen
Apfel zurück.
Für jeden gelben Apfel, den es im Sommer
gesammelt hatte, gab es einen braunen
Apfel zurück.
Für jeden roten Apfel, den es im Sommer
gesammelt hatte, gab es einen braunen
Apfel zurück.

ZWERGLEIN ARBEITETE TAG UND NACHT, und Apfelbaum hielt ganz still.

. . .

PFERD STAND am Ende der Wiese und schüttelte den Kopf. So etwas Dummes hatte er noch nicht gesehen.

42

DAS GROSSE KONZERT

Dann kamen die kalten Winde.

PFERD STÜRMTE NOCH EINMAL über die Wiese. Die unsichtbare Mähne flatterte. Dann trottete er in den Stall.

Eichhörnchen kuschelte sich in seine Höhle, schlabberte Apfelmatsche, knackte Nüsse und schlief ein.

Apfelbaum ließ die letzten zerfetzten Blätter los und reckte die dürren Arme hinauf zum Himmel. Die fünf Äpfel schaukelten sacht.

IN DER NACHT stieg noch einmal der runde Mond zum Himmel hinauf.

Vom Fluss her klang dunkler Gesang.

Frosch gab das letzte große Konzert. Da weinten alle, die ihn hörten.

„Er musiziert wieder", dachte Zwerglein und freute sich.

43

DIE LETZTEN BEEREN

Zwerglein kroch durch die Dornenhecken und suchte die letzten Beeren.

SEINE NASE KRIBBELTE von den kalten Winden und wurde ganz taub. Doch je kälter es wurde, umso süßer wurden die Beeren.

„Wenn Große Kälte kommt, wird alles süß wie nie zuvor", dachte Zwerglein und kratzte seine Nase.

ES WAR JETZT GANZ ALLEIN.

Eichhörnchen schnarchte in seiner Höhle.
Pferd stand im Stall.
Biene und ihre Schwestern schliefen im Bienenstock.
Doch wo war Platz für ein kleines braunes Zwerglein?

DA TRUG ZWERGLEIN einen großen Haufen Blätter unter Apfelbaum und deckte sich bis zur Nase zu.

EINES NACHTS VERSTUMMTE DER WIND.

In dieser Nacht kam Großer Schnee. Weiße Staubkörnchen schwebten vom Nachtauge herab und landeten auf der Wiese wie ein Schwarm weißer Schmetterlinge. Als Zwerglein sie fangen wollte, blieben nichts als winzige Wassertropfen.

Wiese hielt ganz still und ließ sich einhüllen. Da hielt auch Zwerglein still und ließ die weißen Schmetterlinge durch sich hindurchfallen, bis innen und außen alles glitzerte und Zwerglein ganz durchsichtig wurde.

44

FEUERTANZ

Als Großer Schnee alles bedeckt hatte, fand Zwerglein keine Beeren mehr.

Zwergleins Bauch knurrte eine Weile und wurde dann bitter. Seine runden Bäckchen verschrumpelten, bis sie aussahen, wie die Rinde von Apfelbaum.

EINES NACHTS KAM GROSSE KÄLTE. Sie biss in Zwergleins Hände und Füße, und sie kroch tief in sein Herz hinein.

GROSSE KÄLTE WAR GROSS und kalt. Süß war sie nicht.

„DA HAB ich mich aber gewaltig getäuscht. Denken hilft wirklich nicht viel“, kicherte Zwerglein und kuschelte sich tiefer in seinen Blätterberg.

Doch zum Einschlafen war es viel zu kalt und viel zu allein.

DA BEGANN ZWERGLEIN ZU TANZEN.

Es klatschte die Kälte aus seinen Händen
heraus.
Es stampfte die Kälte aus seinen Füße heraus.
Es schnaufte das Bittere aus seinem Bauch
heraus.
Es prustete das Schrumpelige aus seinen
Bäckchen heraus.

ZWERGLEIN HÜPFTE und sprang und wirbelte im Kreis. Im Mondschein glühten seine Haare wie wilder Safran.

ABER DIE KÄLTE in seinem Herzen wollte nicht schmelzen.

„KOMM“, sagte Apfelbaum da.

Verwundert blickte Zwerglein den Stamm hinauf. Apfelbaum hatte noch nie gesprochen.

Im Mondschein schimmerten die fünf Äpfel.

„MUSS ICH WIEDER KLETTERN?“, fragte Zwerglein.

„Komm“, sagte Apfelbaum.

Da kletterte Zwerglein den schwarzen Stamm hinauf.

. . .

GANZ OBEN IM Stamm klaffte eine winzige Spalte. Die mussten die Bienen vergessen haben. Vorsichtig steckte Zwerglein einen Finger hinein. Da passten auf einmal alle Finger hinein und dann sogar der Arm. Die Spalte öffnete sich immer weiter und zuletzt war sie groß genug für das ganze Zwerglein.

„KOMM", sagte Apfelbaum zum dritten Mal.

Sie sprach nicht gerne lange Sätze.

Da krabbelte Zwerglein in den Stamm von Apfelbaum.

APFELBAUM VERSCHLOSS ihre Rinde und sank zurück in ihren Traum.

Eine Weile hielt Zwerglein sich fest. Dann endeten alle Gedanken, und Zwerglein stürzte hinab.

Es fiel tiefer als durch die knisternden Zweige.
Es fiel tiefer als aus den Krallen von Eule.
Es fiel tiefer als durch den Wasserfall.

ZWERGLEIN FIEL bis ganz nach innen. Hier hörte der Sturz auf, und die Zeit stand still. Hier war alles war weich und warm und dunkel. Dunkel wie die allertiefste Nacht, dunkel wie in einem schwarzen Fass voll schwarzer Farbe.

Zwerglein wusste nicht mehr, wo Zwerglein aufhörte und wo die Nacht anfing.

Es spürte seine Hände nicht.
Es spürte seine Füße nicht.
Es spürte seinen Bauch nicht.
Es spürte seinen Popo nicht.
Es spürte seinen Kopf nicht.
Die Zeit blieb stehen.
Und Zwerglein hörte ihr zu.

DA HÖRTE ES, zuerst winzig leise, das Kleine Plopp. Erst einmal. Dann noch einmal und dann immer weiter wie ein unterirdischer Fluss.

Das Kleine Plopp war sehr schön.

SO SCHÖN WAR ES, dass Apfelbaum im Traum die Zweige schüttelte und den ersten Apfel fallen ließ.

SACHT BEBTE DIE ERDE.

Zwerglein hörte ein Großes Plopp.
Da schmolz die Kälte in seinem Herzen.
Plopp machte es, als der zweite Apfel fiel.
Da wuchs Zwergleins Herz wieder zusammen.
Plopp machte es, als der dritte Apfel fiel.
Da kehrte alles Vergessene zurück.
Plopp machte es, als der vierte Apfel fiel.
Da erinnerte sich Zwerglein ganz und gar.
Beim fünften Plopp schlief Zwerglein ein.

45

SPINNE

Nun schliefen alle.

NUR EINE WACHTE und schlief nicht. Wie immer in solchen Winternächten, wo Anfang und Ende sich umarmen, wachte Spinne und wob ihr Netz. Einer Seiltänzerin gleich, glitt sie auf silbrigen Fäden. Hinab in die dunkelsten Winkel und hinauf bis zum Auge der Nacht.

46

FROH

Sterben ist, wenn man nicht wiederkommt. Aber das geht ja gar nicht.

DESHALB KAMEN im Frühjahr alle wieder. Die meisten hatten alles vergessen.

AUCH FLIEGE.

ZWERGLEIN SCHLIEF EINE LANGE ZEIT. Eines Morgens öffnete sich die Rinde ein kleines Stück.

Jemand biss in Zwergleins Nase.

„Autsch!“, schrie Zwerglein.

Es riss die Augen auf und sah mitten in zwei runde schwarze Augen: „Schon wieder du!“, sagte Zwerglein. „Wieso beisst du mir immer in die Nase?“

„Das kommt, weil deine Nase aussieht wie eine Haselnuss“, erklärte Eichhörnchen. „Und wer bist du überhaupt?“

„Ich bin Froh“, sagte Zwerglein.

Zwerglein hatte nichts vergessen. Wenn die Freude einmal die tiefsten Winkel eines Herzens erreicht hat, bleibt sie für immer dort.

AUCH APFELBAUM ERINNERTE sich und blühte in diesem Jahr so schön wie nie zuvor. Ihr Duft schwebte hinauf bis zum Himmel.

ZWERGLEINS LIED

MITÁKUYE OYASIN

Ich geh hier nur vorbei.
Auf dem Weg nach Norden.

Ihr Freunde seid getrost.
Ich will euch nicht stören.

Ein Zweig neigt sich herab.
Mit den letzten Beeren.

Die Schlehen sind für dich.
Auf dem Weg ins Dunkel.

Dort warten wir auf dich.
Denn wir sind Familie.

NACHWORT IM WINTER

Es war im Winter 2017, als ich nach einer nächtlichen Zeremonie durch die Hügel in der Nähe des Blocksberges schlenderte. Die Luft war so klar, wie sie nur an einem eisigen Wintermorgen sein kann. Alles Leben hielt vollkommen still.

Eine Schlehenhecke reckte sich in den grauen stahlgrauen Himmel. Schlehen sind sauer und ziehen den Mund zusammen. Nach dem Frost werden sie umso süßer. Nun weiß natürlich jede, dass die letzten Beeren des Winters den frierenden Vögeln gehören. Ich wollte mich schon zurückziehen, um die winterliche Stille nicht zu stören. Schließlich war diese Hecke nicht mein Zuhause und ich nur ein ungebetener Gast.

Da neigte die Hecke einen stacheligen Ast herab und raunte: „Diese Schlehen sind für dich."

Eine Weile blieb ich bei der Hecke und lauschte ihren Geschichten, während sie mich mit süßen Beeren bewirtete. Eine jener Geschichten ist die Geschichte von Zwerglein.

Ich glaube, diese Geschichte wurde uns geschenkt, damit ein wenig Süßigkeit in unser Herz einkehrt, nachdem das

Leben, Betrug und Gemeinheit, Kälte und Einsamkeit, es so oft verschrumpeln und sauer werden lassen.

ÜBER DIE AUTORIN

Christine Li ist Ärztin, Mutter und Hexe. Zu ihren Büchern zählen u.a. der internationale Bestseller „Der Weg der Kaiserin“ und die „Saga von Abalone“, eine Fantasy-Serie über die chinesische Schamanin Abalone.

„Zwerglein und Apfelbaum“ ist eine psychodelisch-märchenhafte Geschichte für sehnsüchtige Herzen. Sie wurde Christine 2017 an einem eisigen Wintermorgen von unsichtbaren Naturwesen zugeraunt. Sie hat sie dann nur noch ins Deutsche übersetzen müssen.

Nachts sitzt Christine gern auf Felsen im Wald. Am Tag schreibt sie, redet mit ihren Katzen und betreibt Magie. Sie hat allerdings weder Buckel noch Warze und freut sich über guten Wein, Tee und freundliche Briefe an christine@christineli.de

Mehr zu lesen gibt es auf www.christineli.de

Christine Li fotografiert von Christophe Poulles

facebook.com/lamadameli

twitter.com/lamadameli

instagram.com/christineliautorin

Printed in Poland
by Amazon Fulfillment
Poland Sp. z o.o., Wrocław

61570929R00078